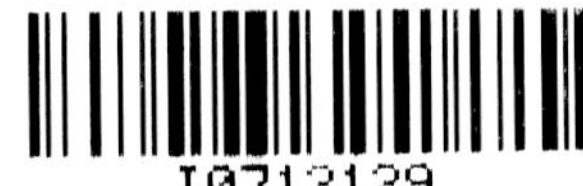

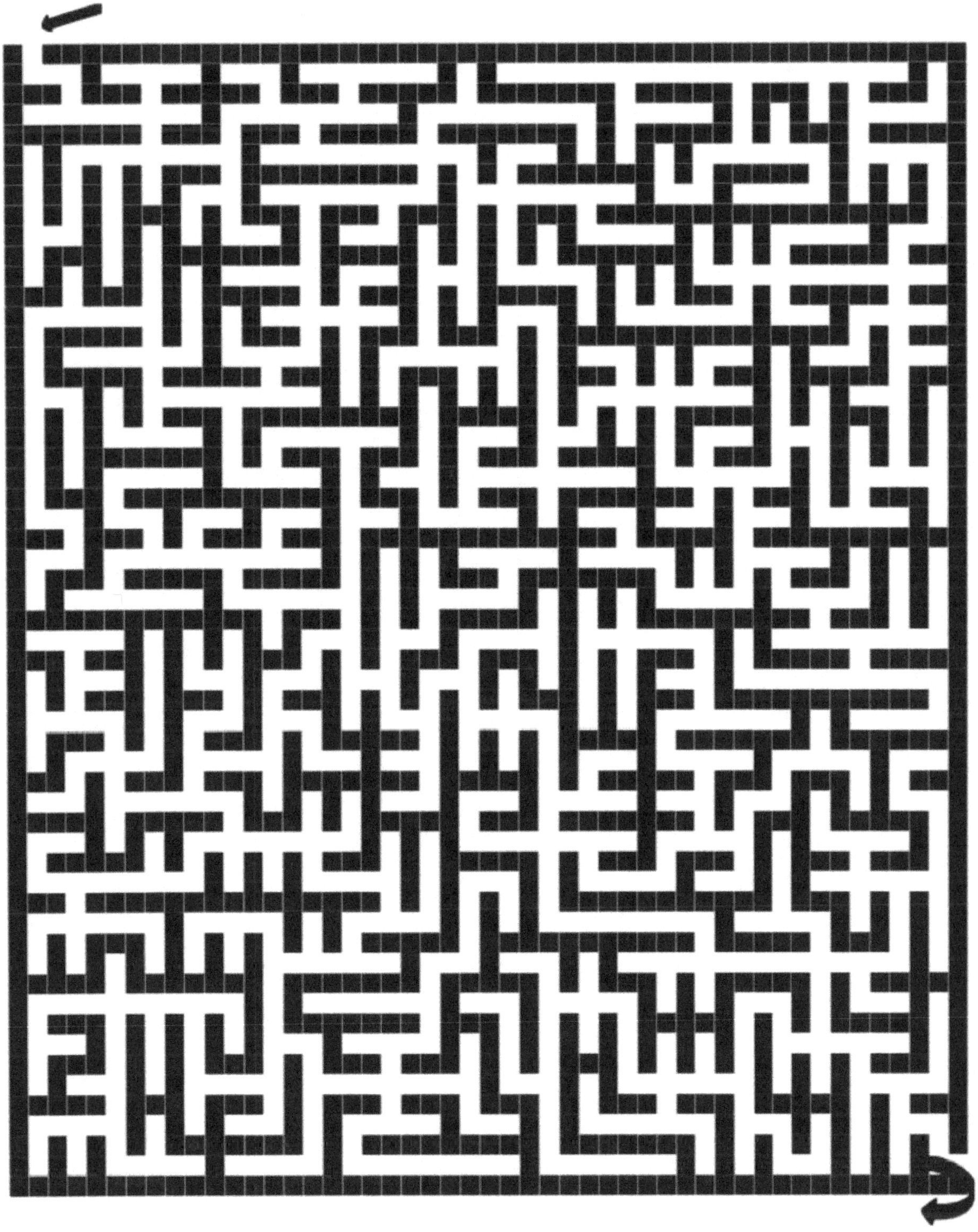

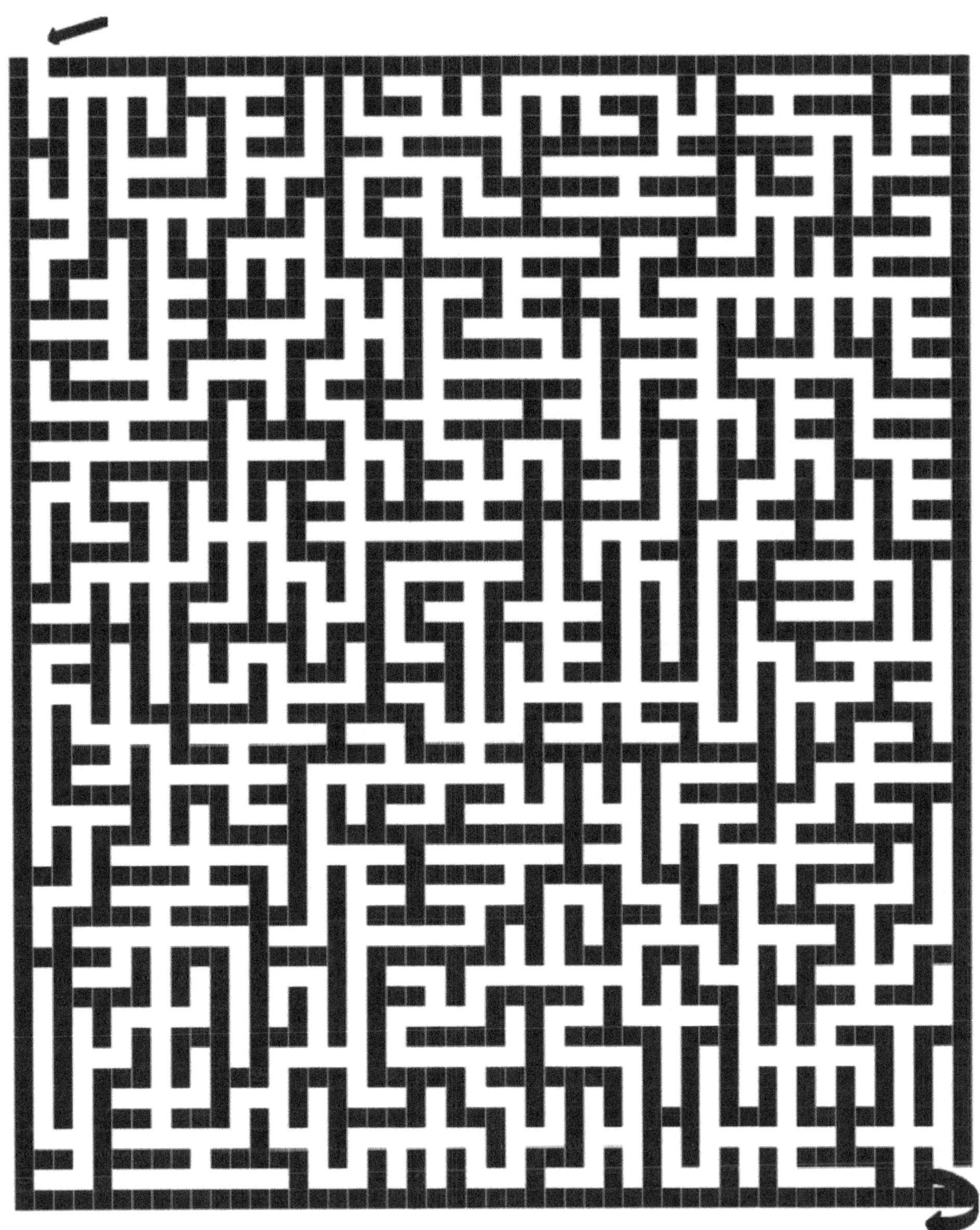

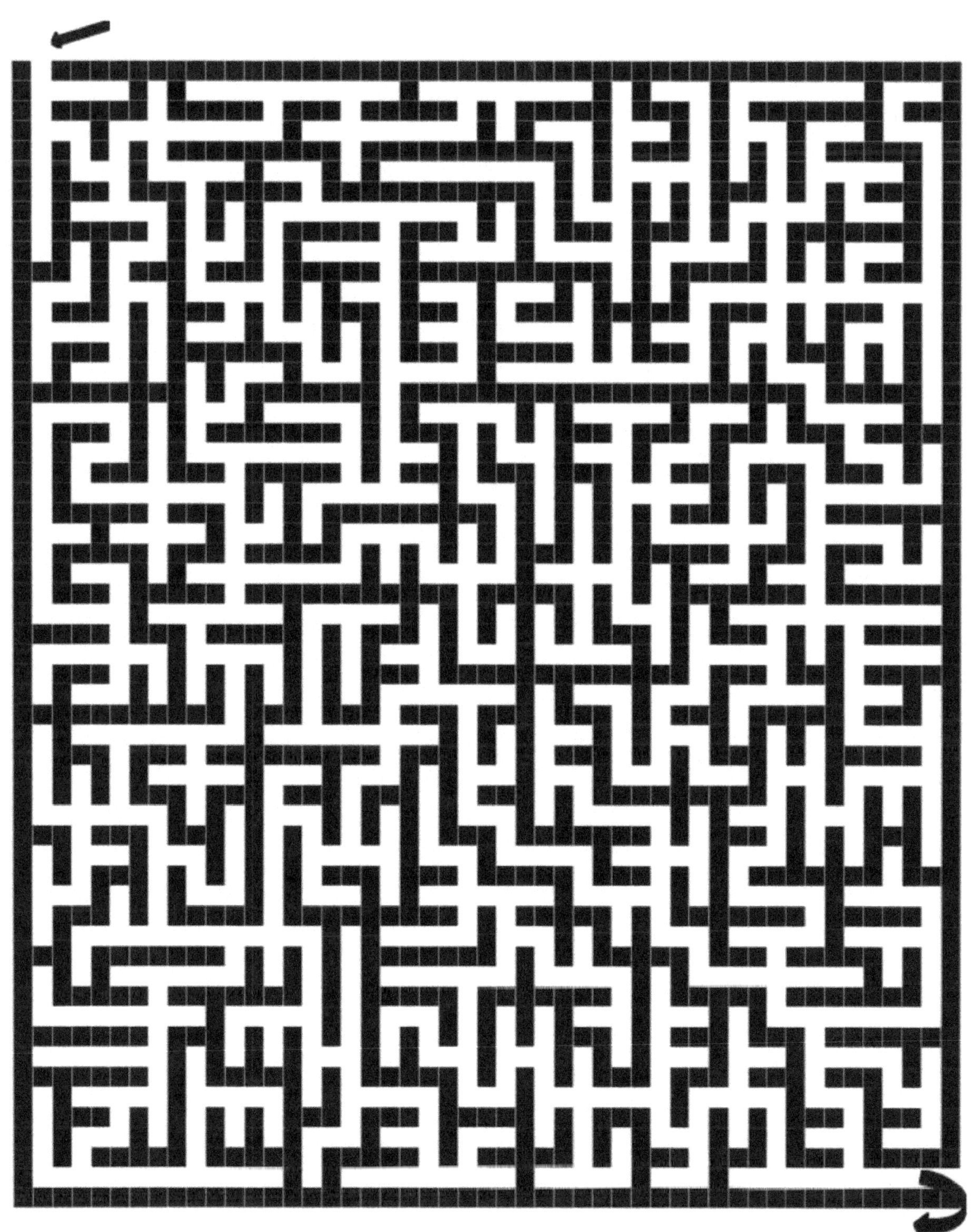

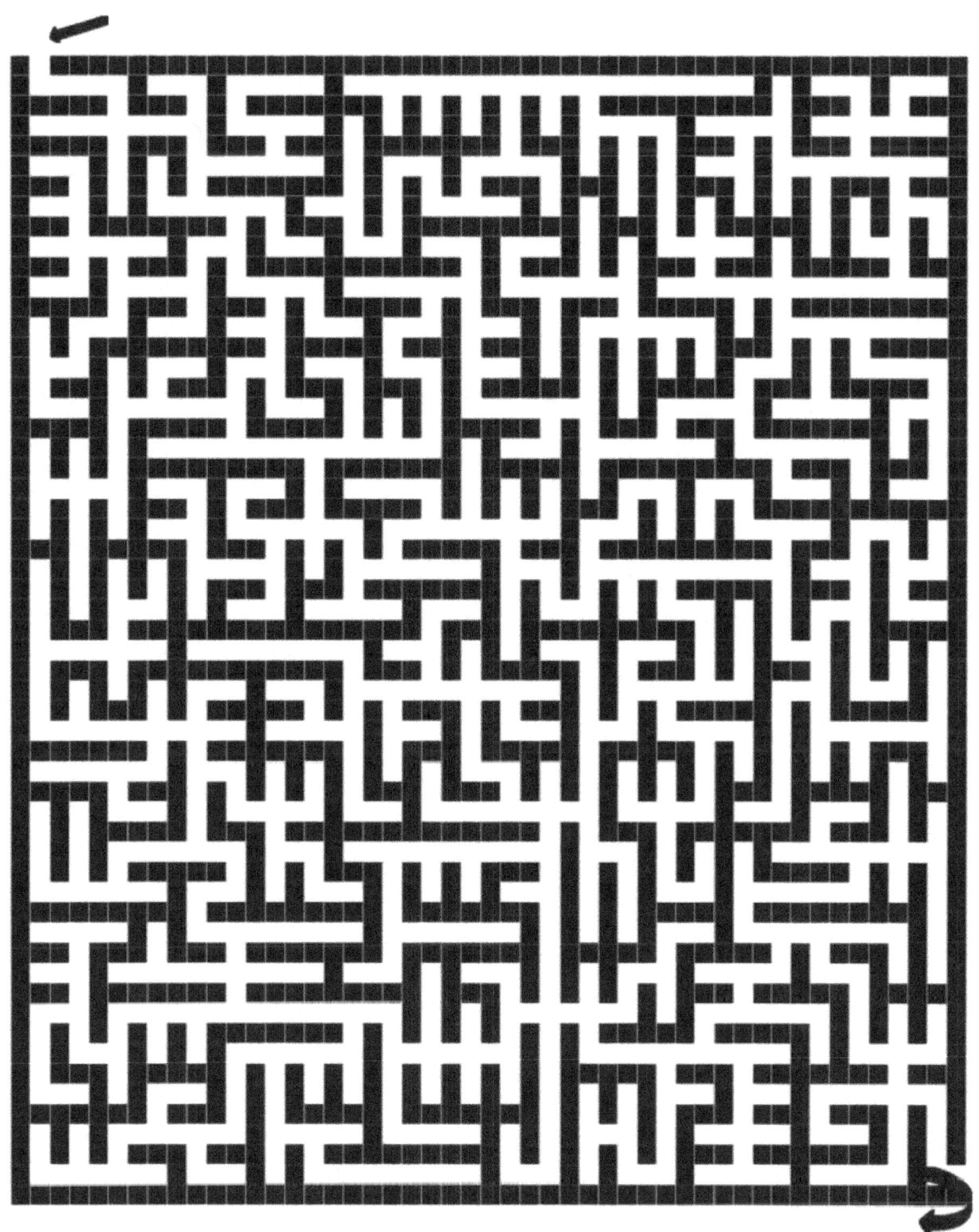

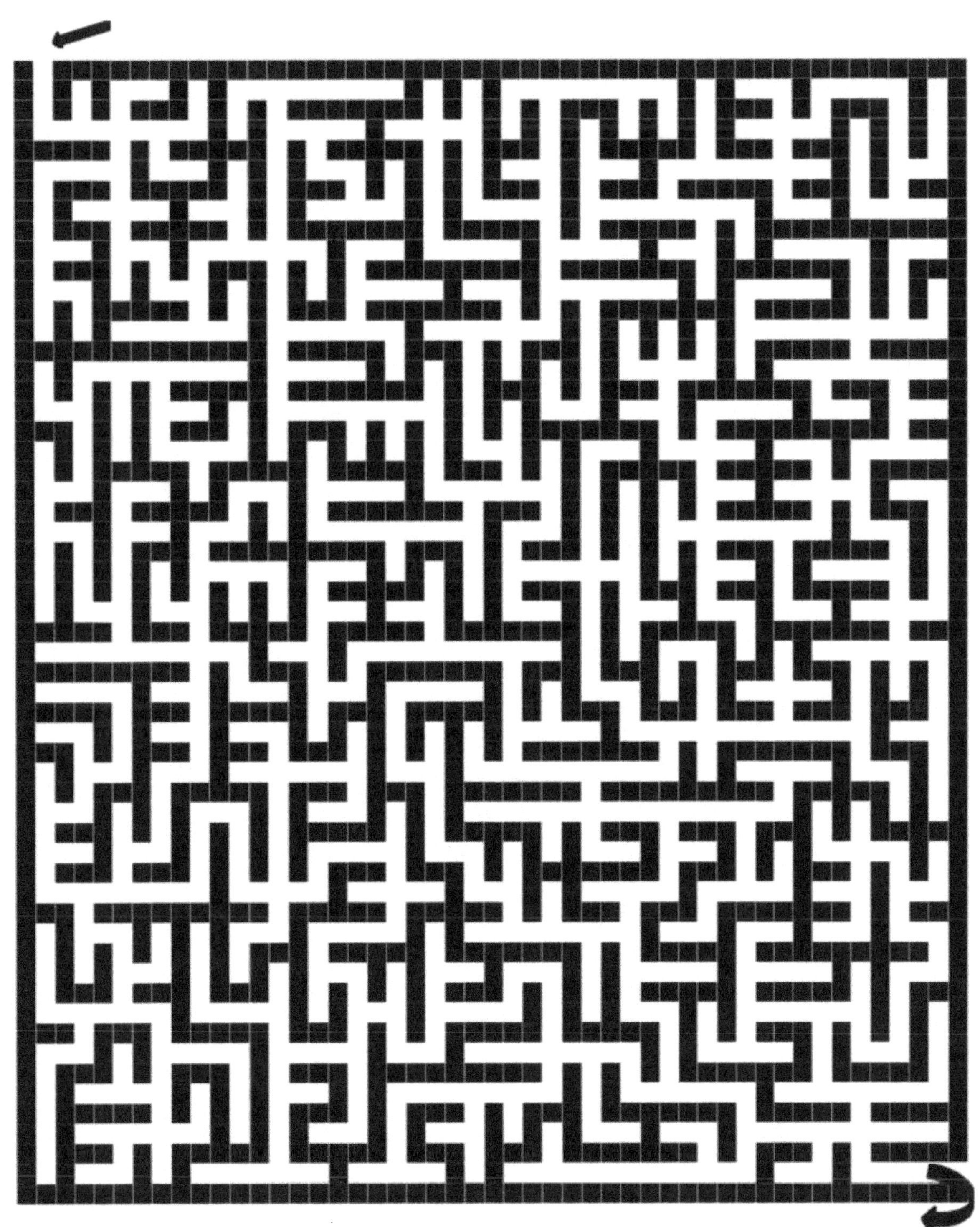

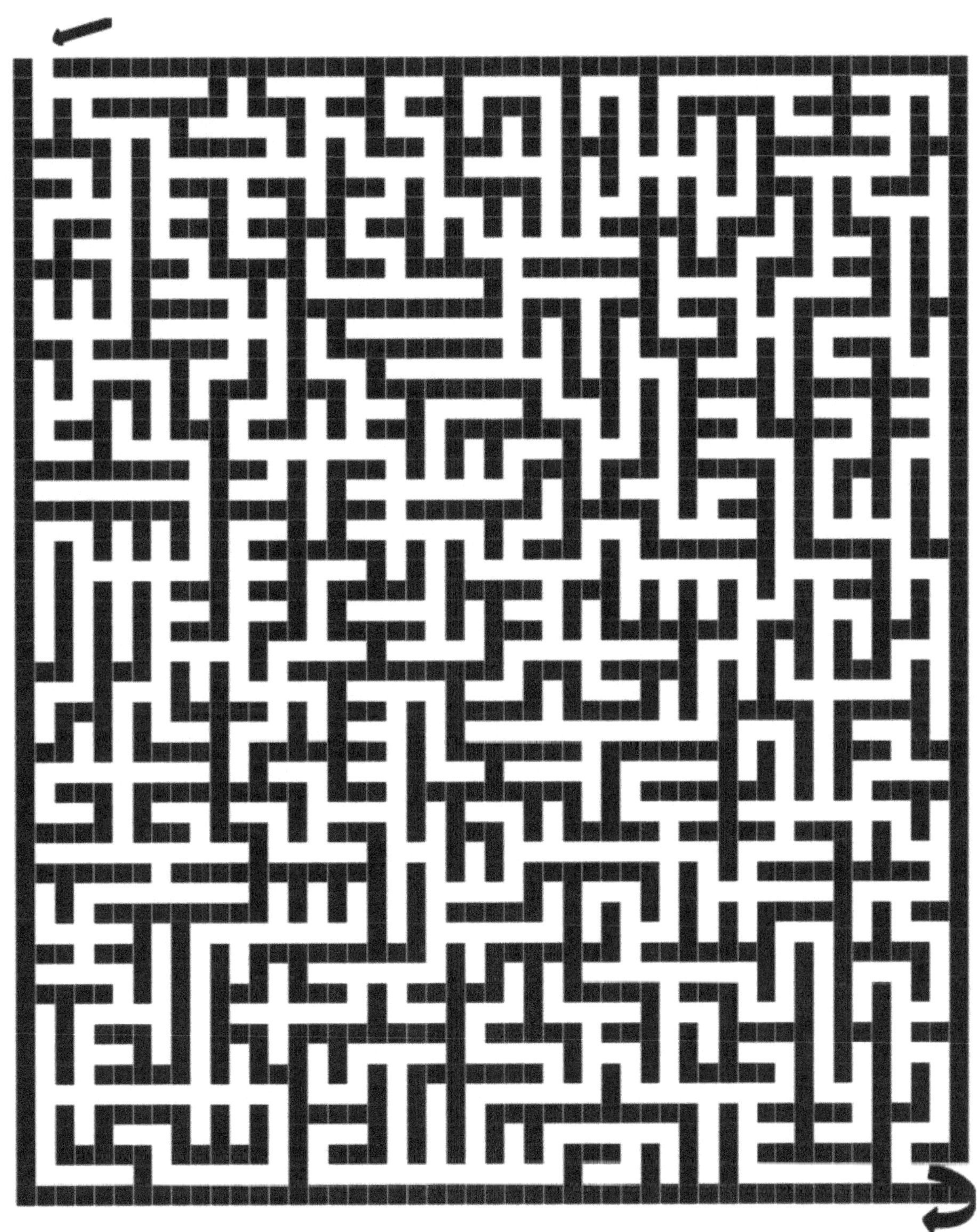

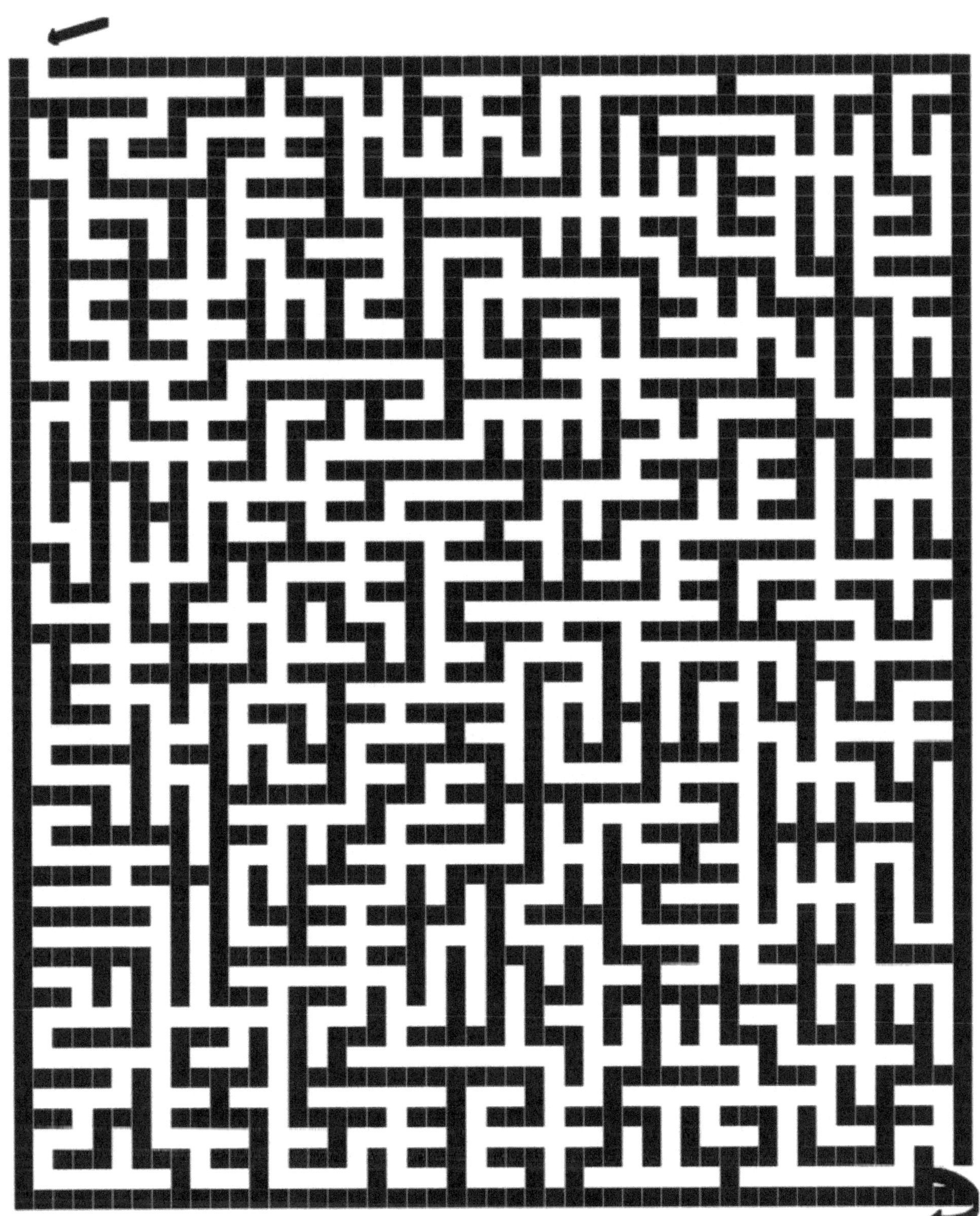

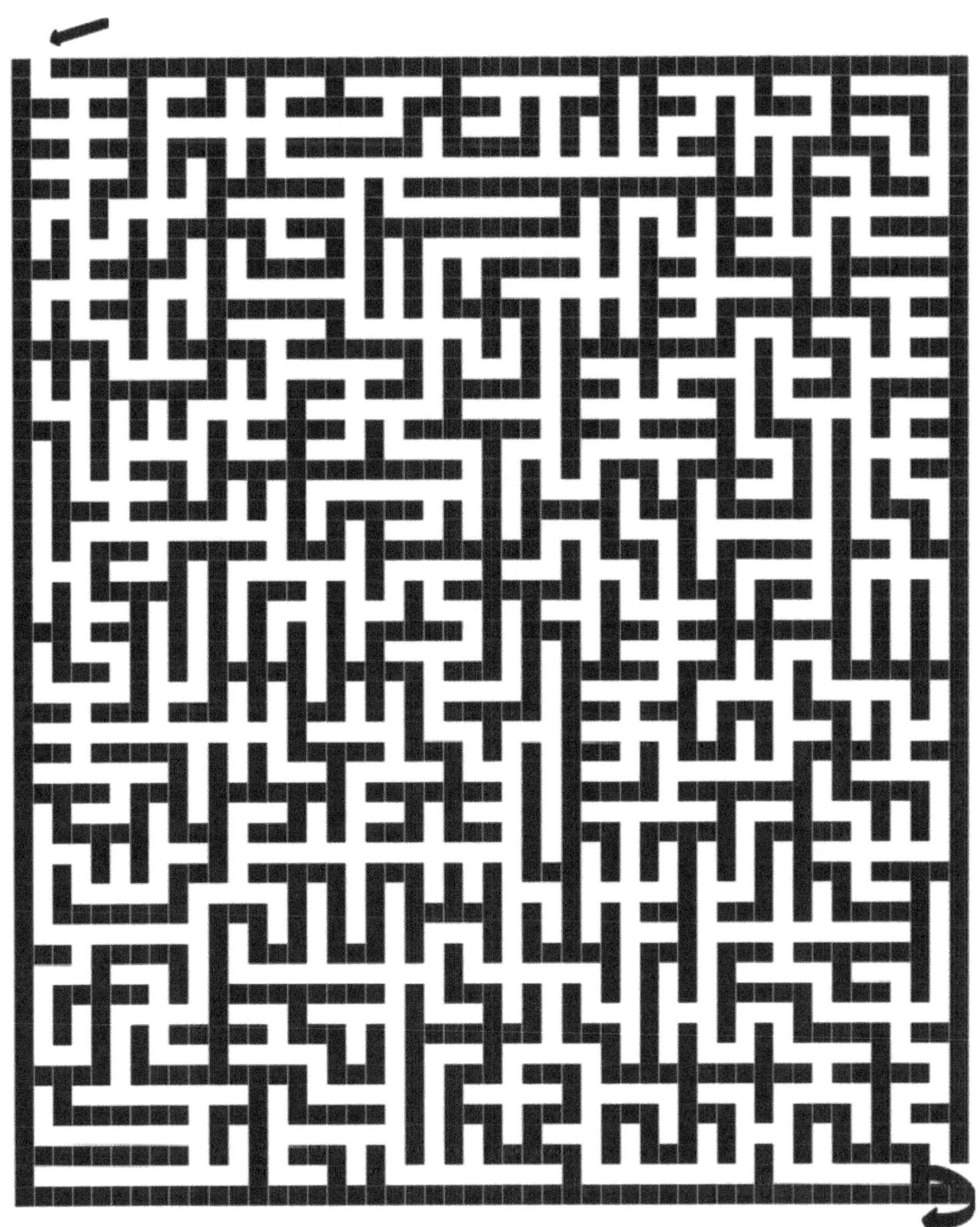

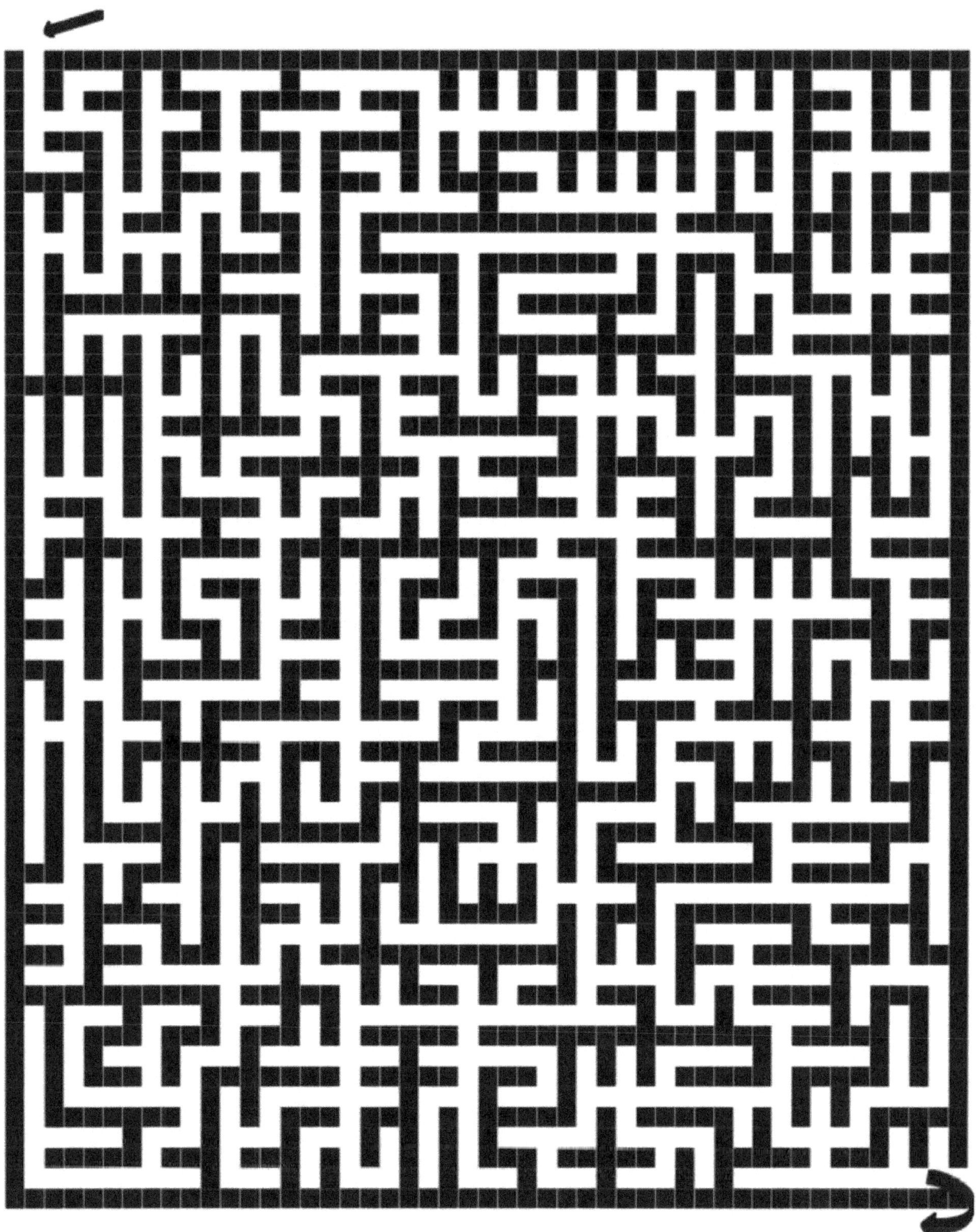

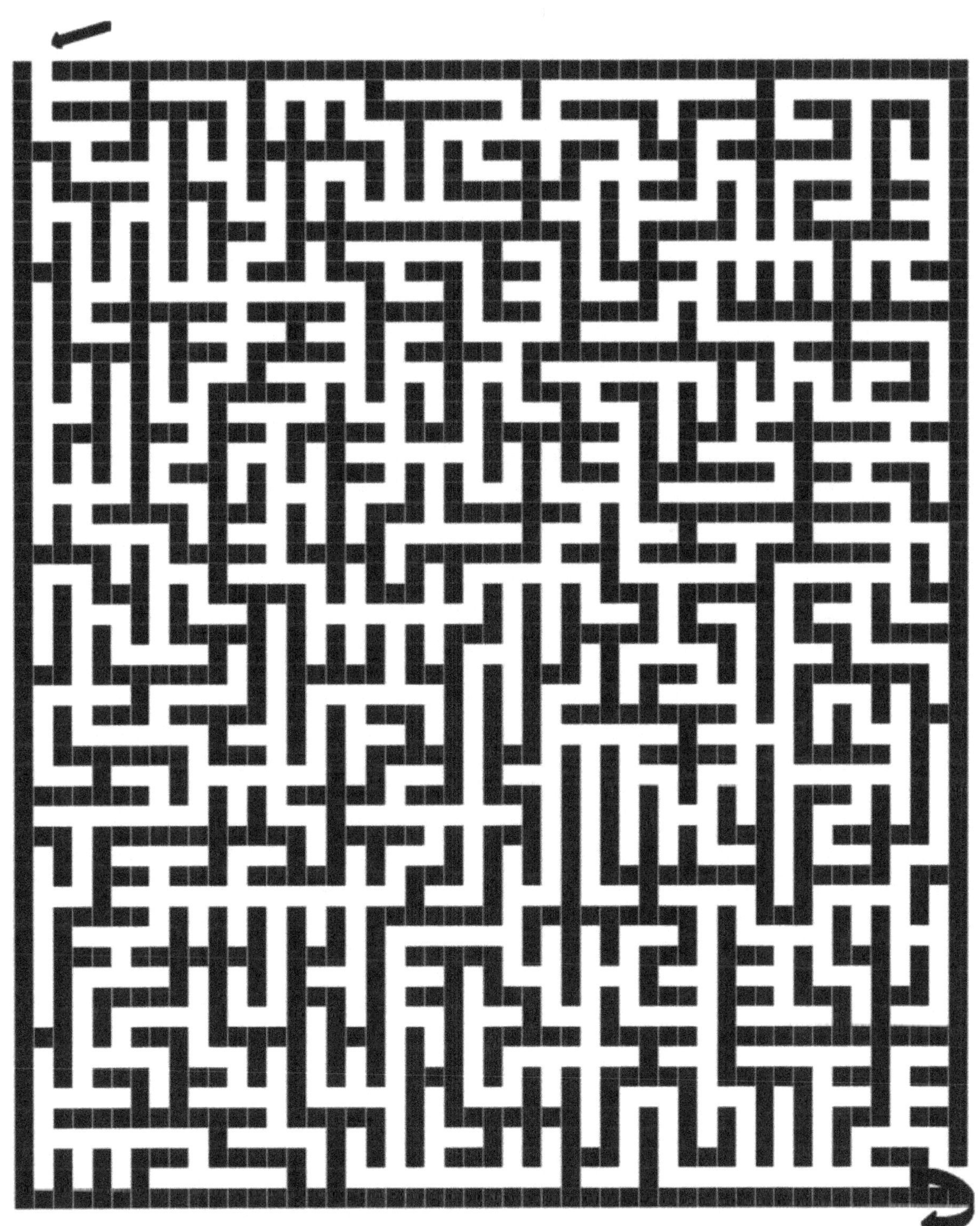

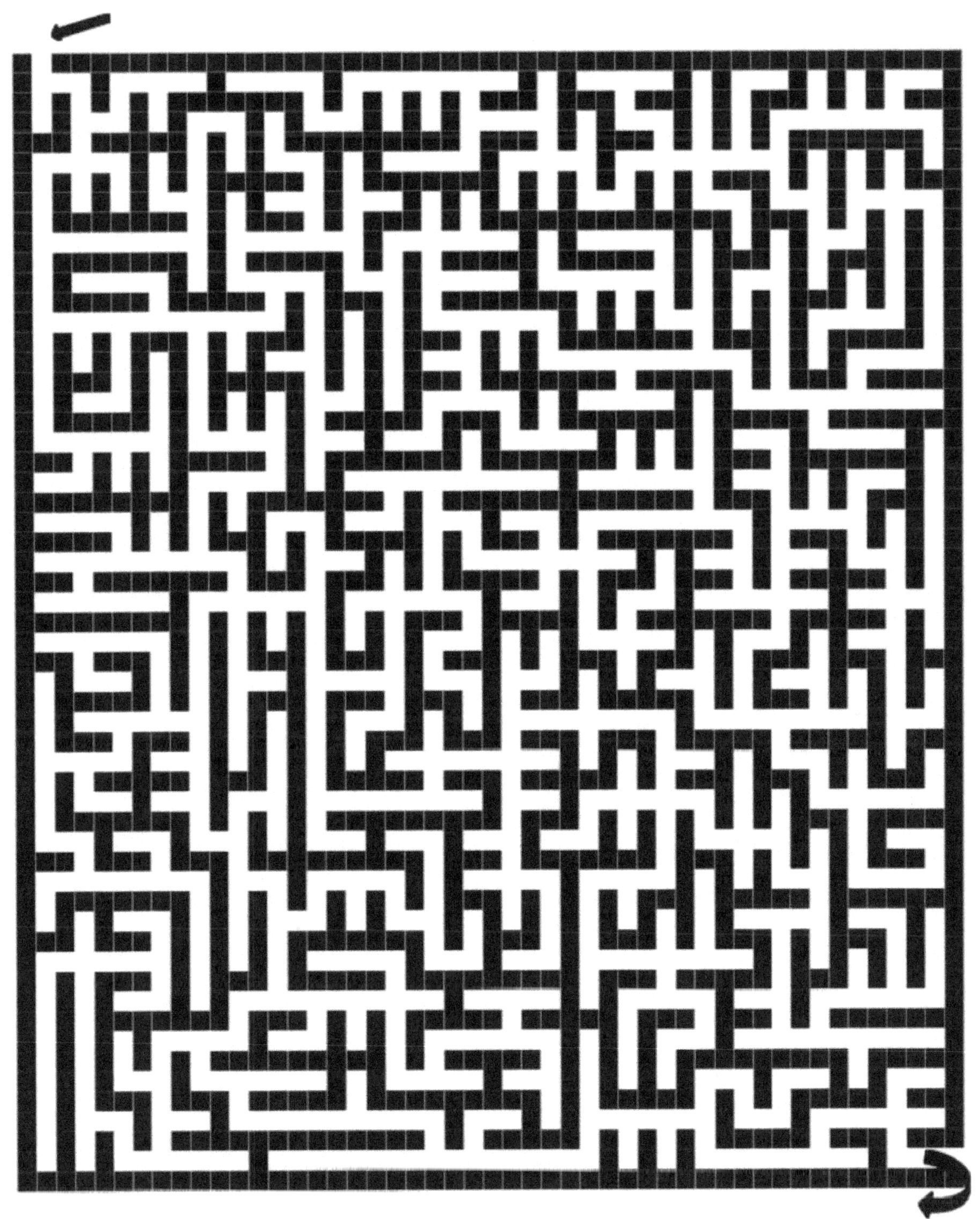

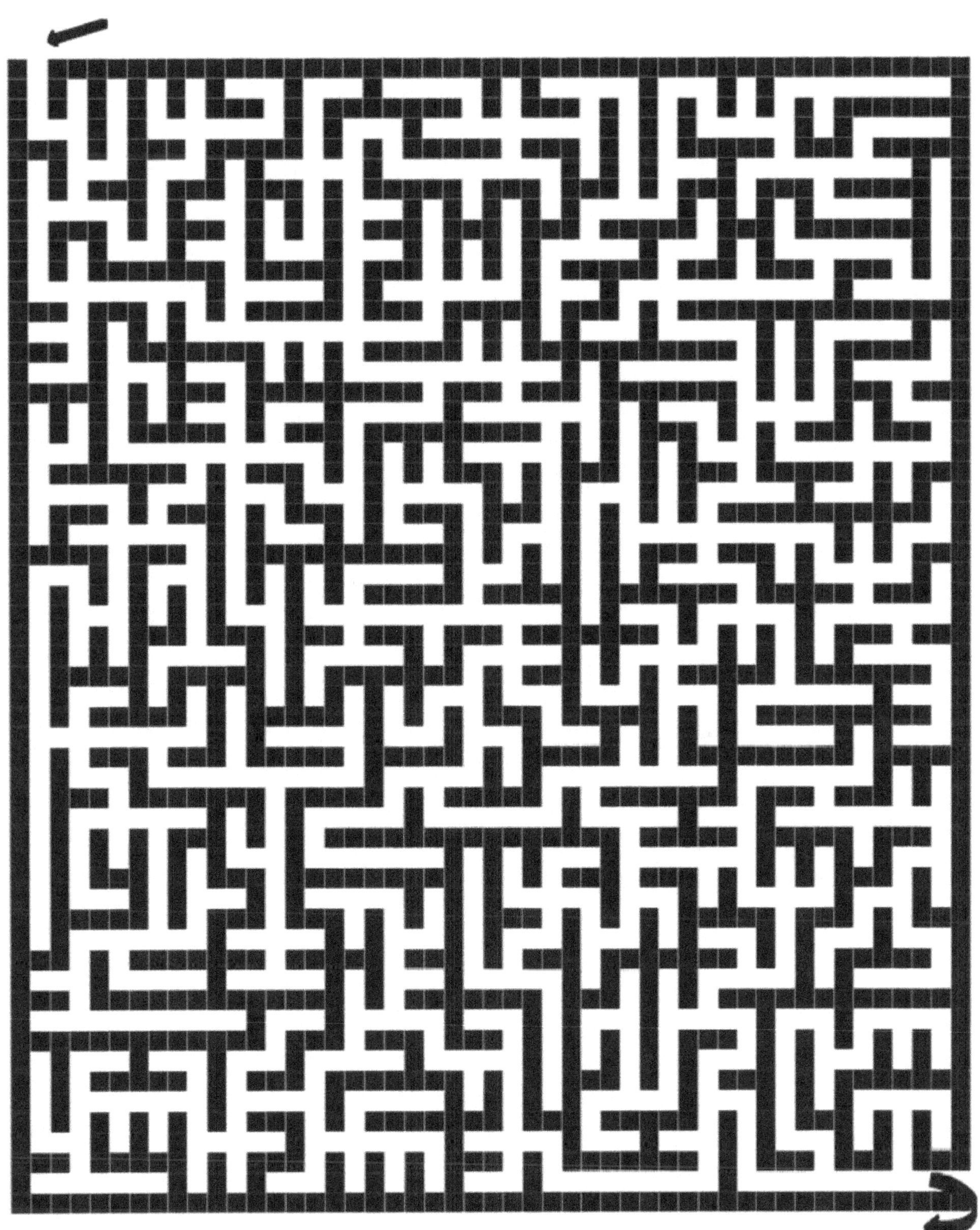

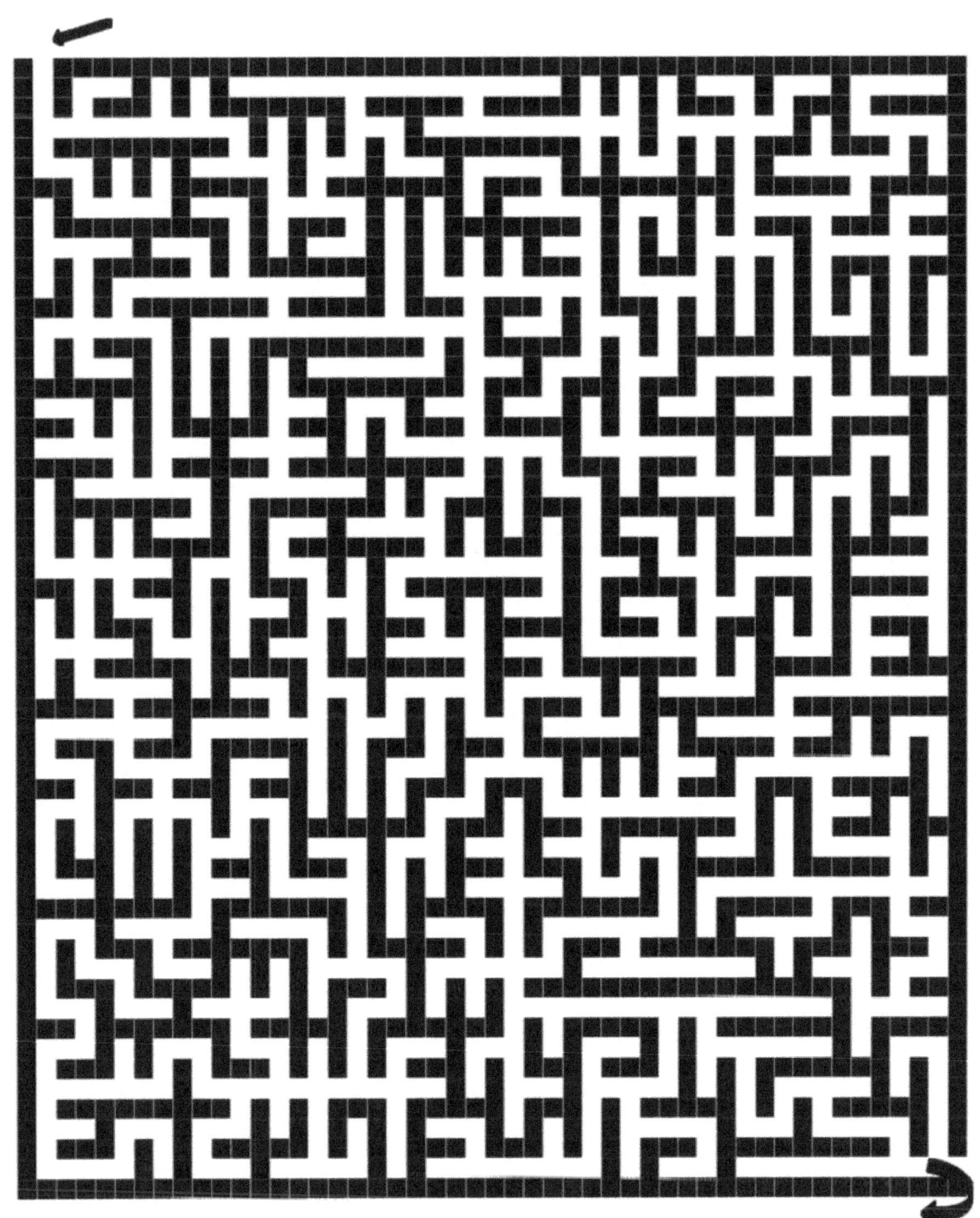

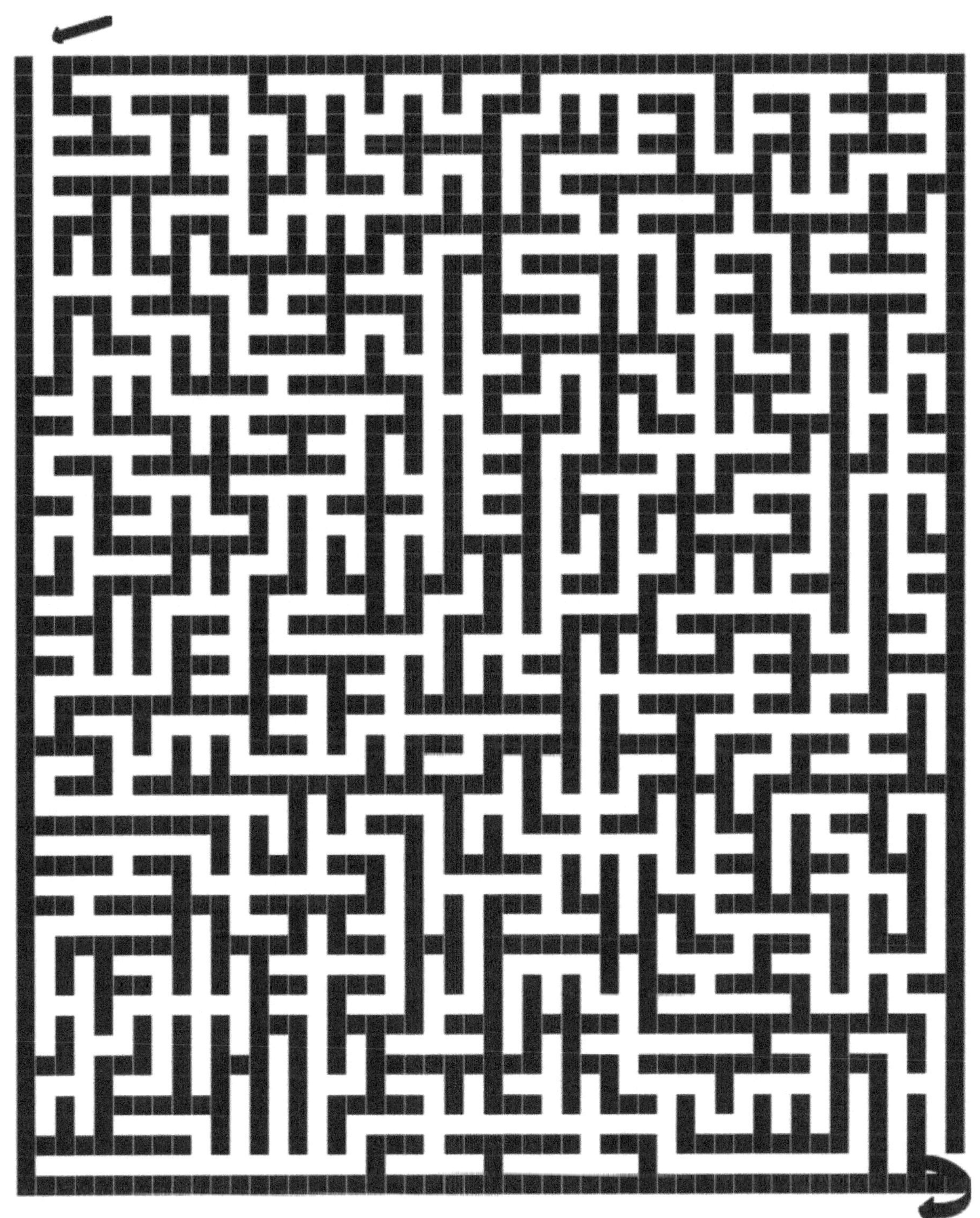

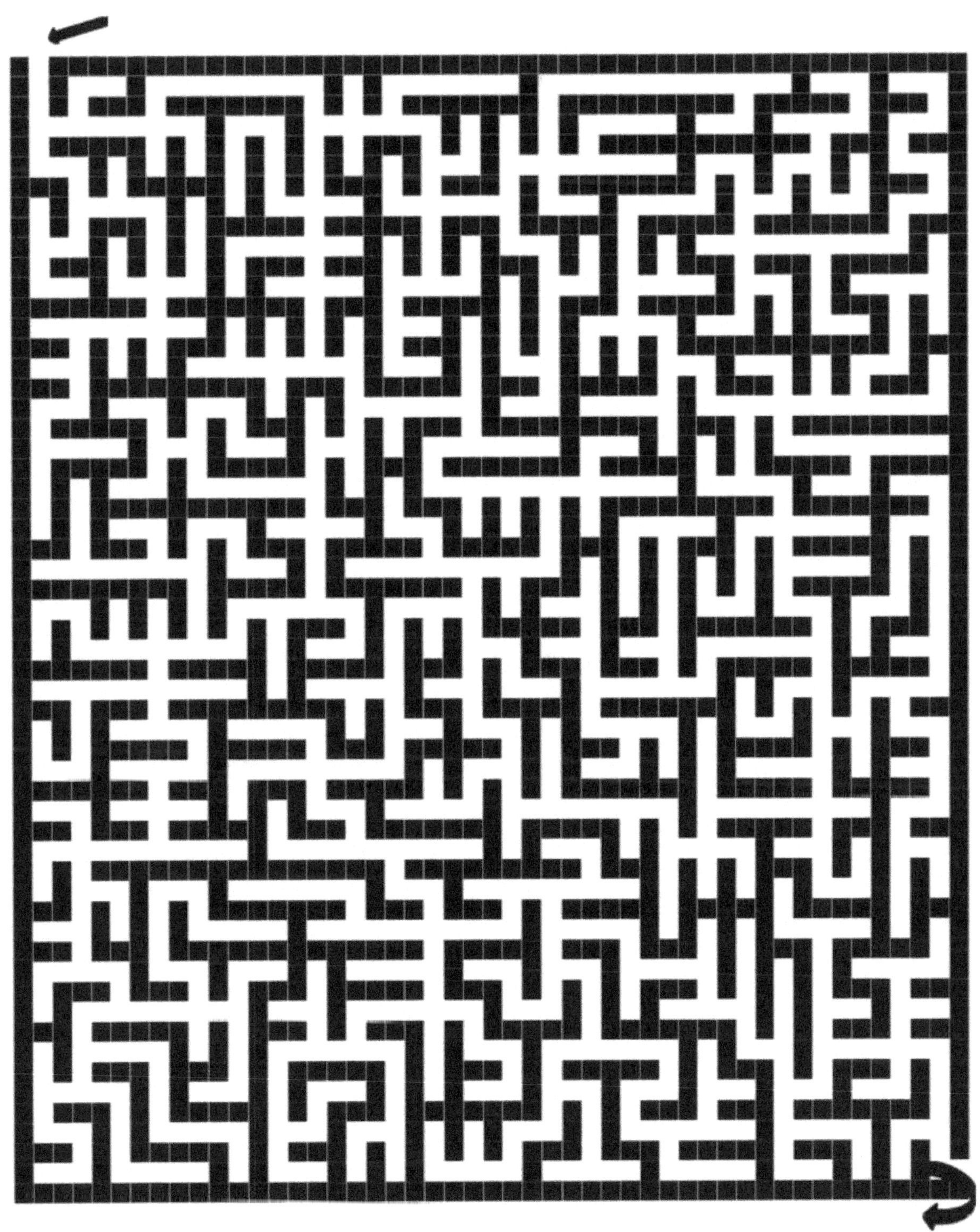

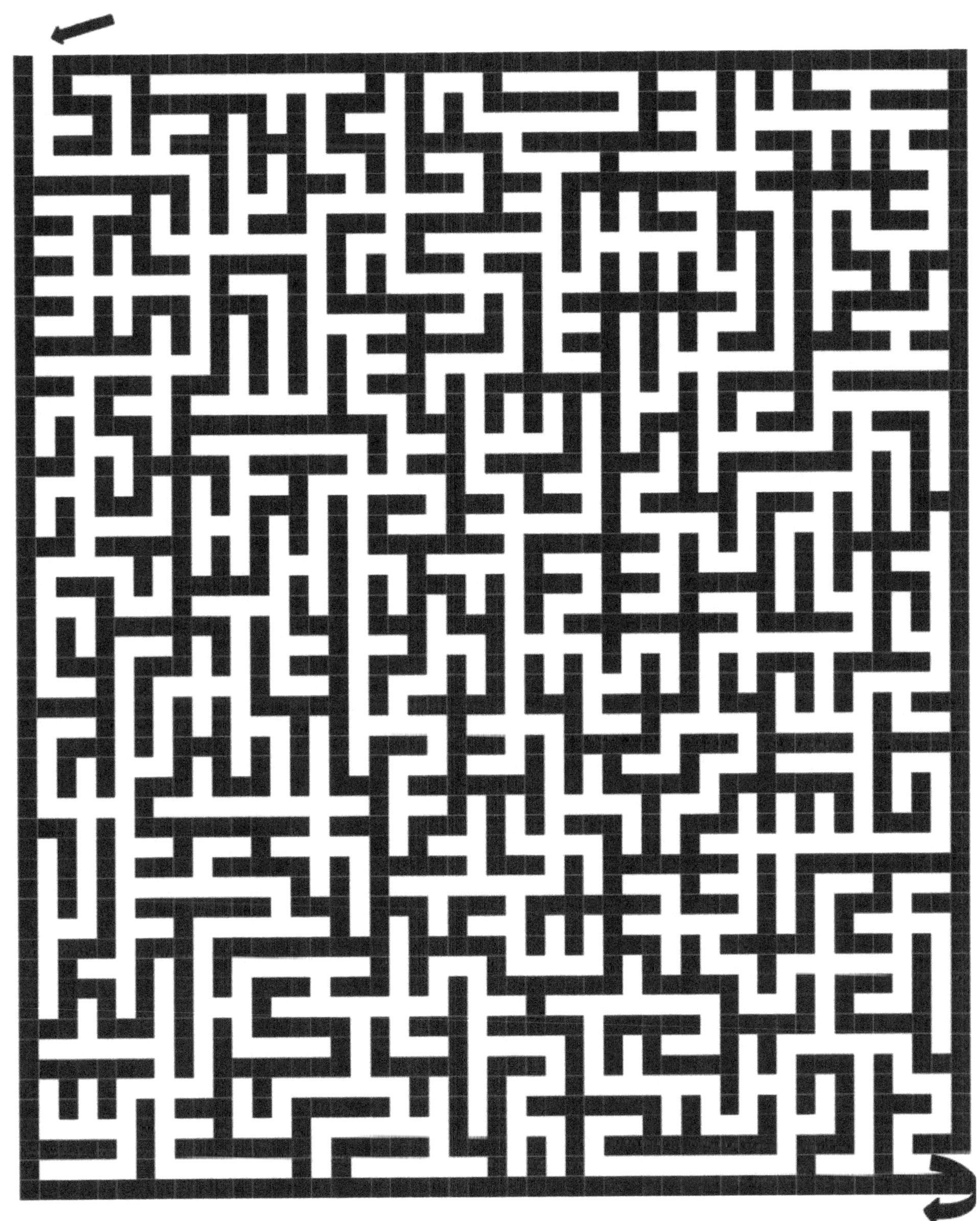

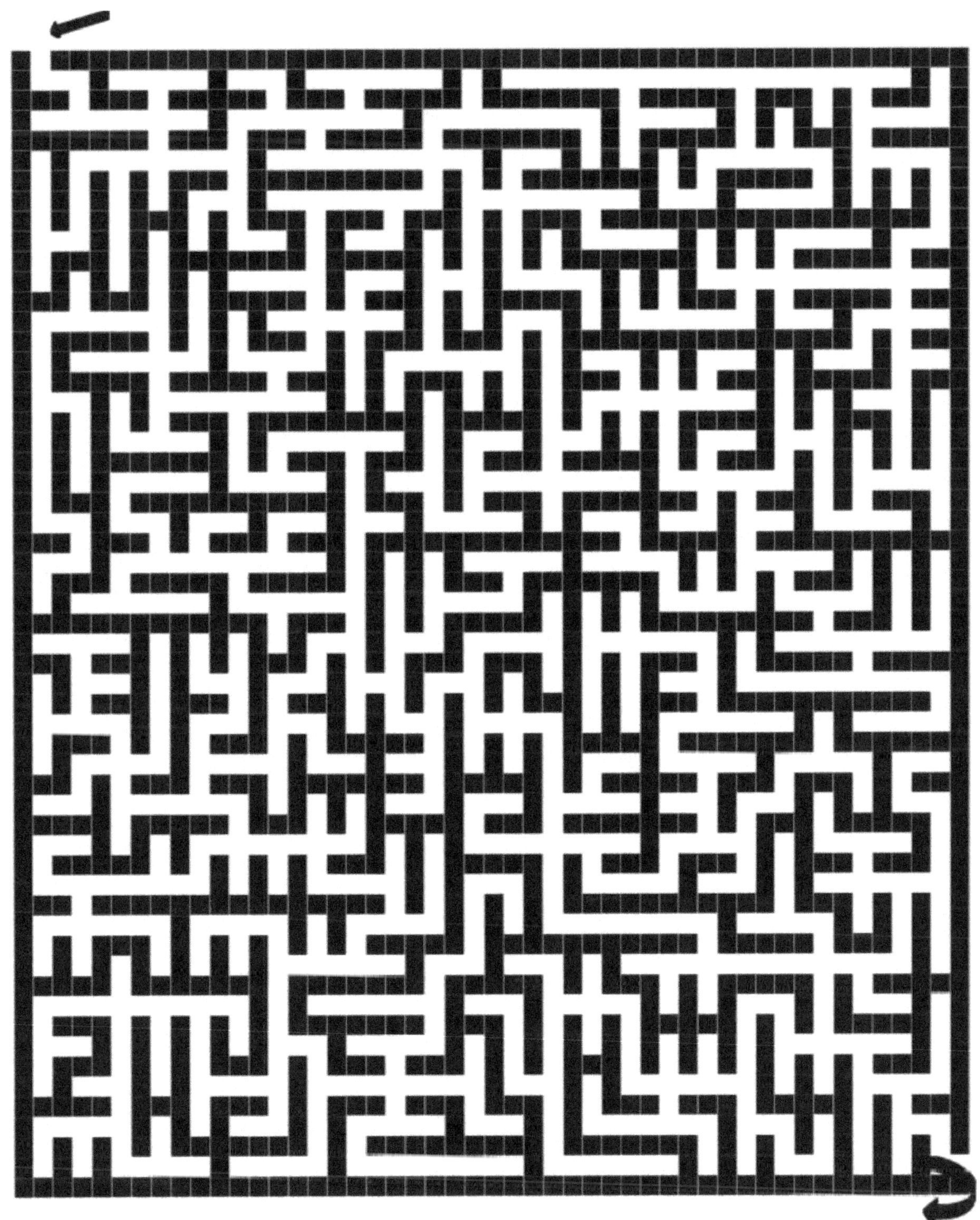

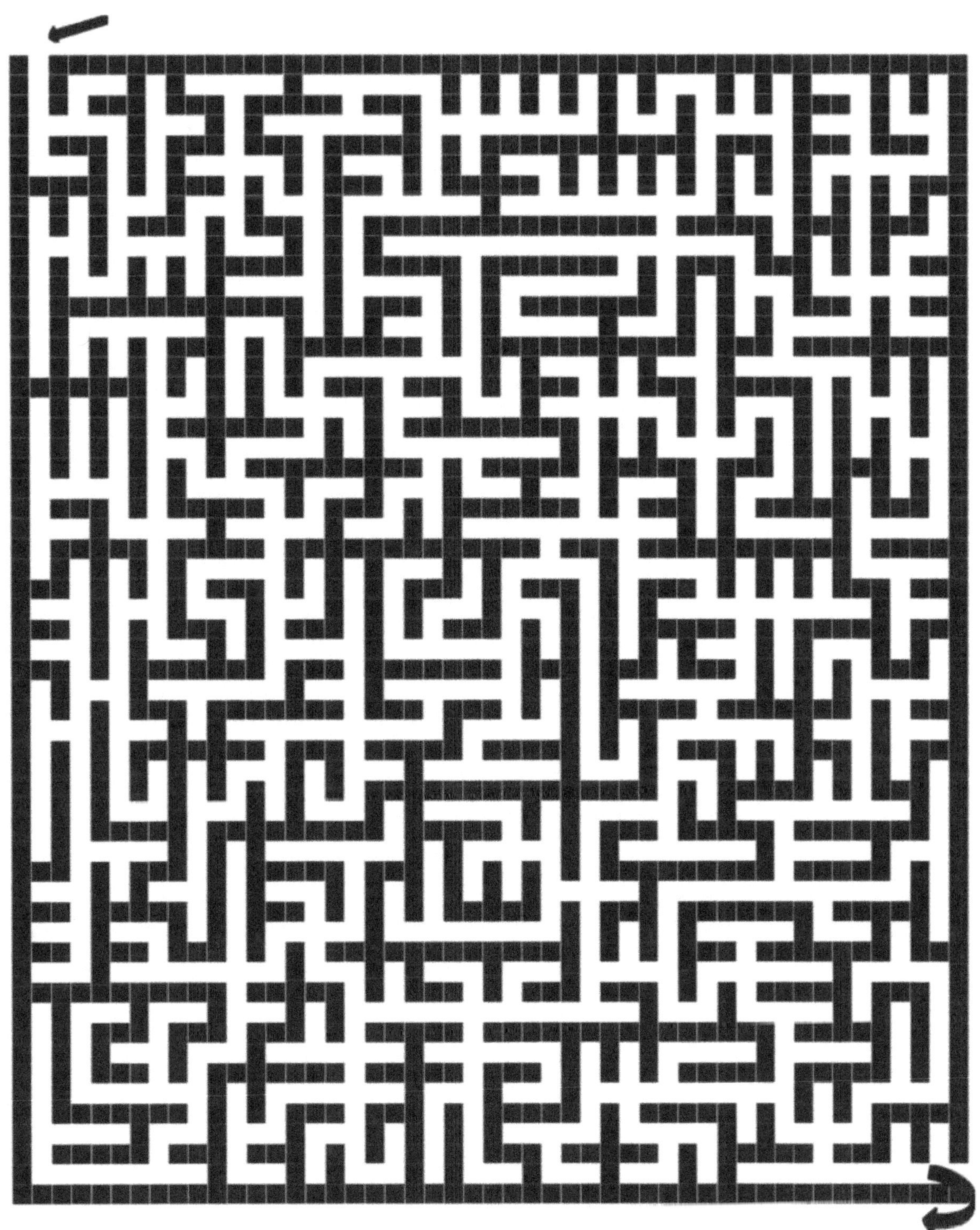

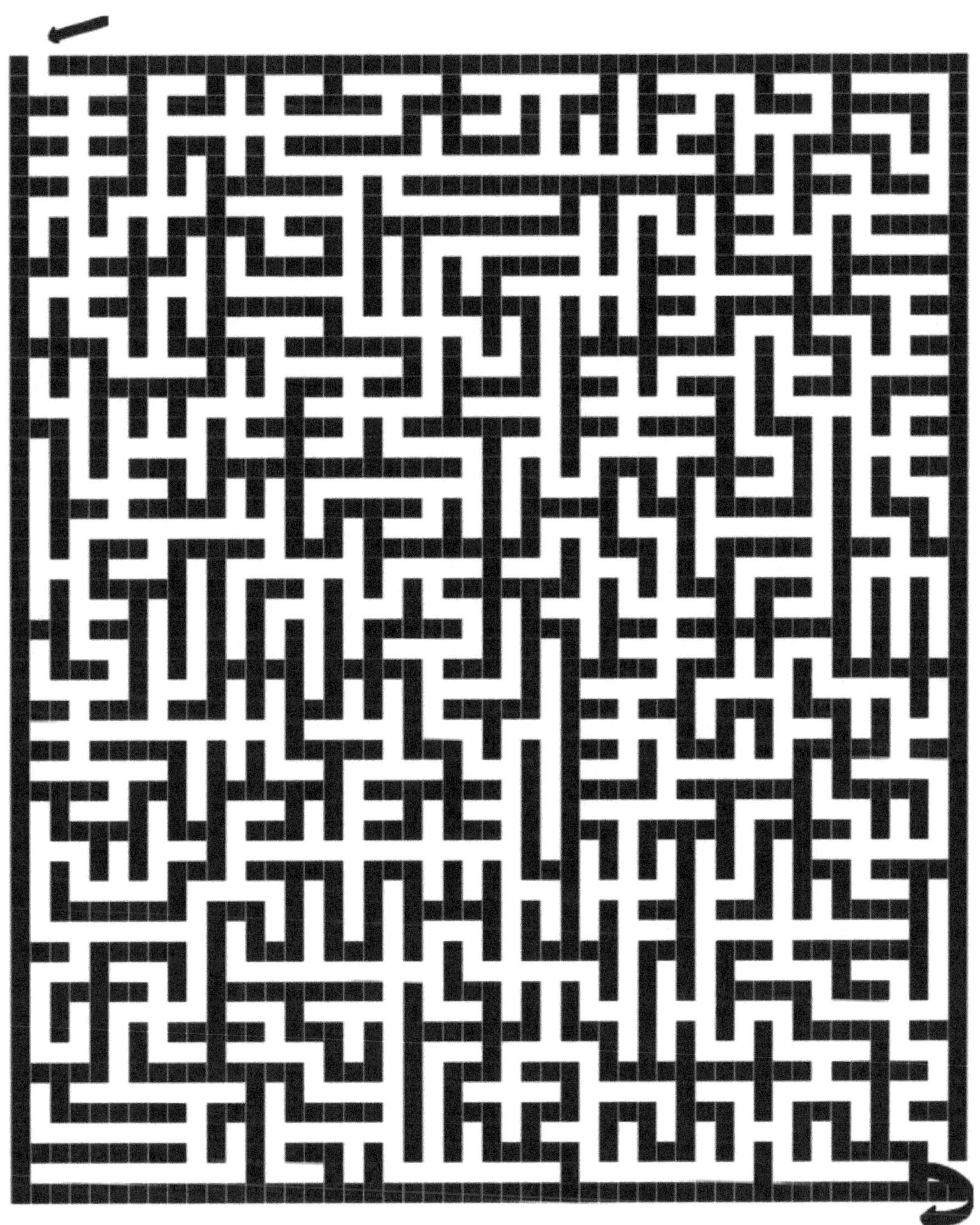

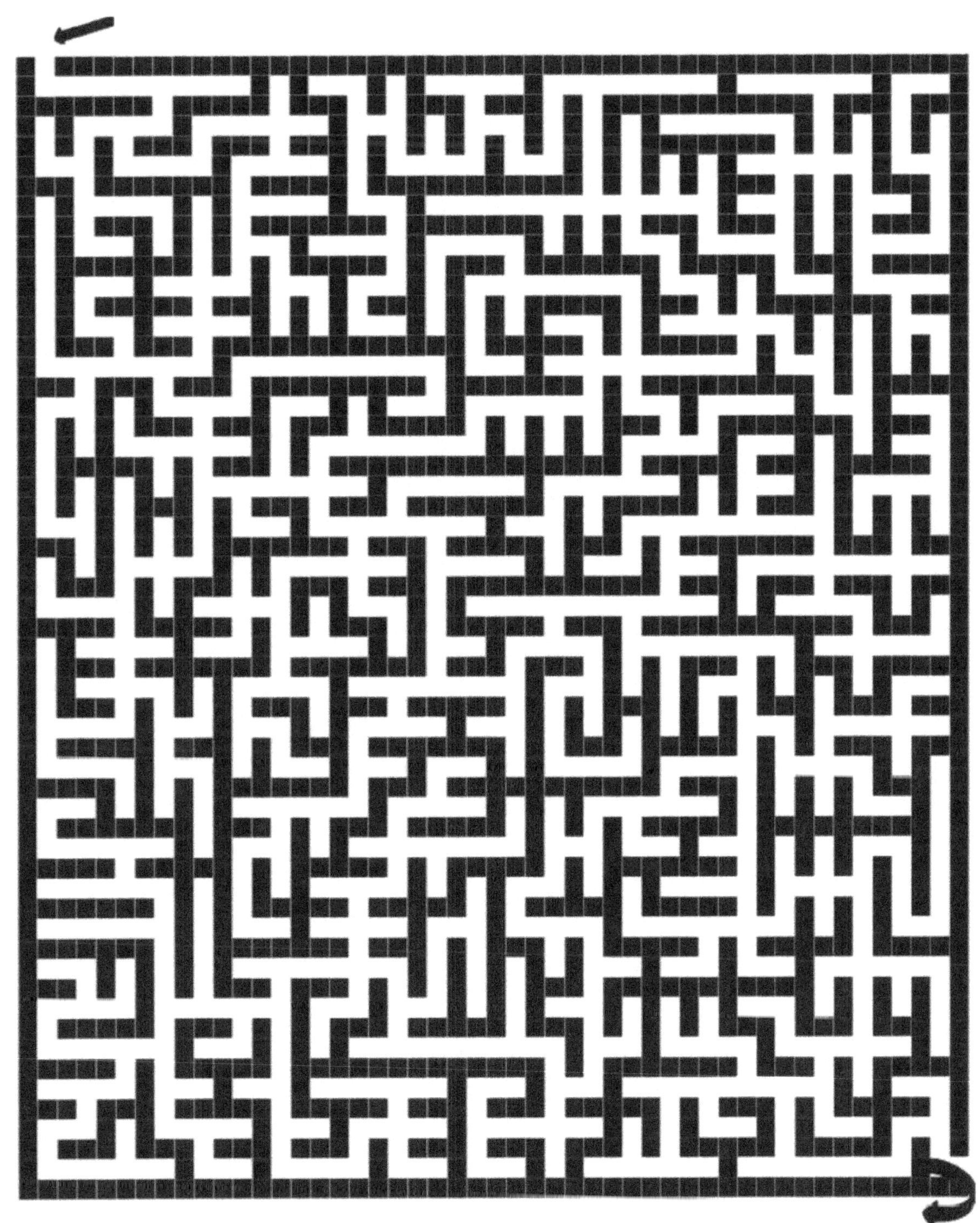

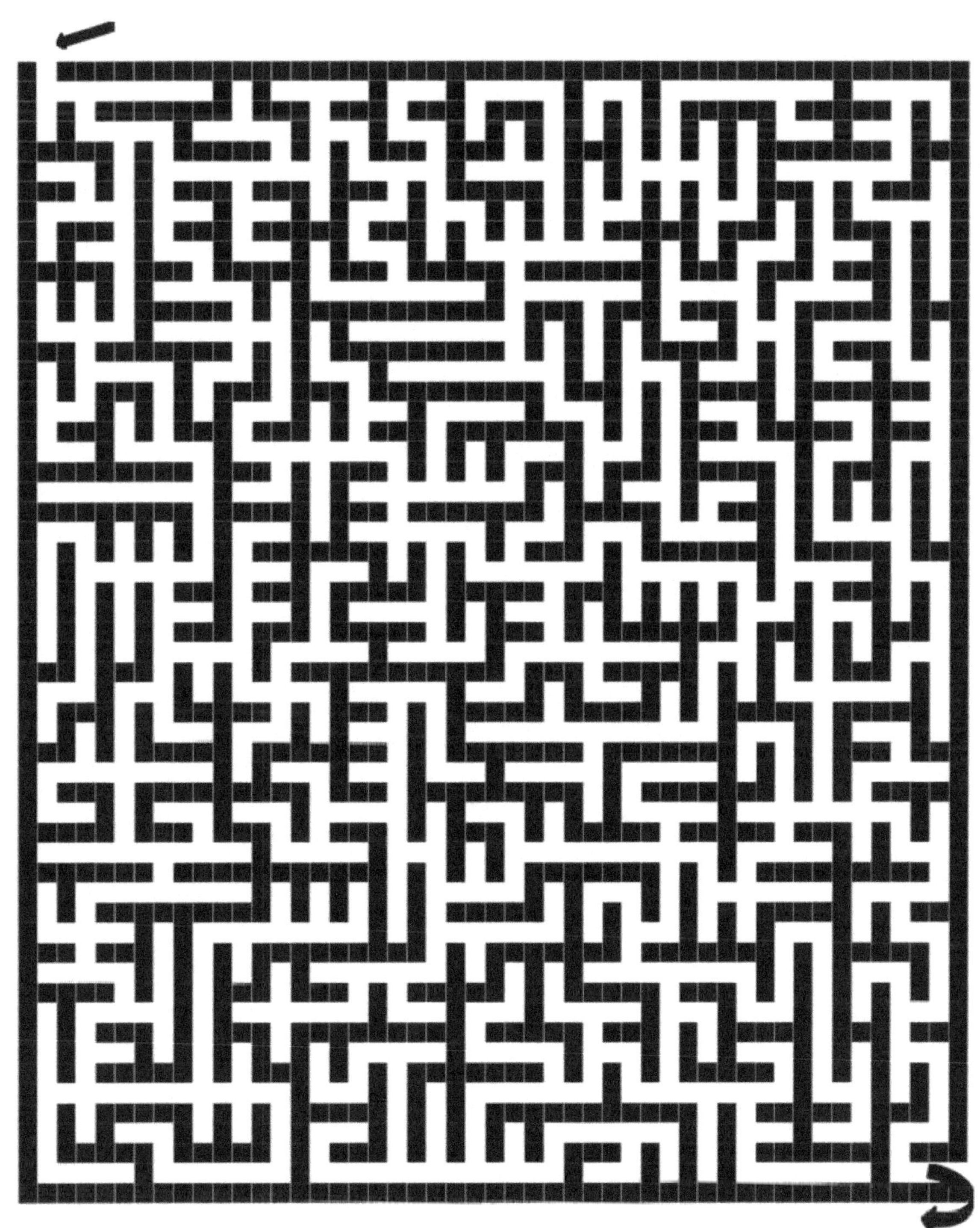

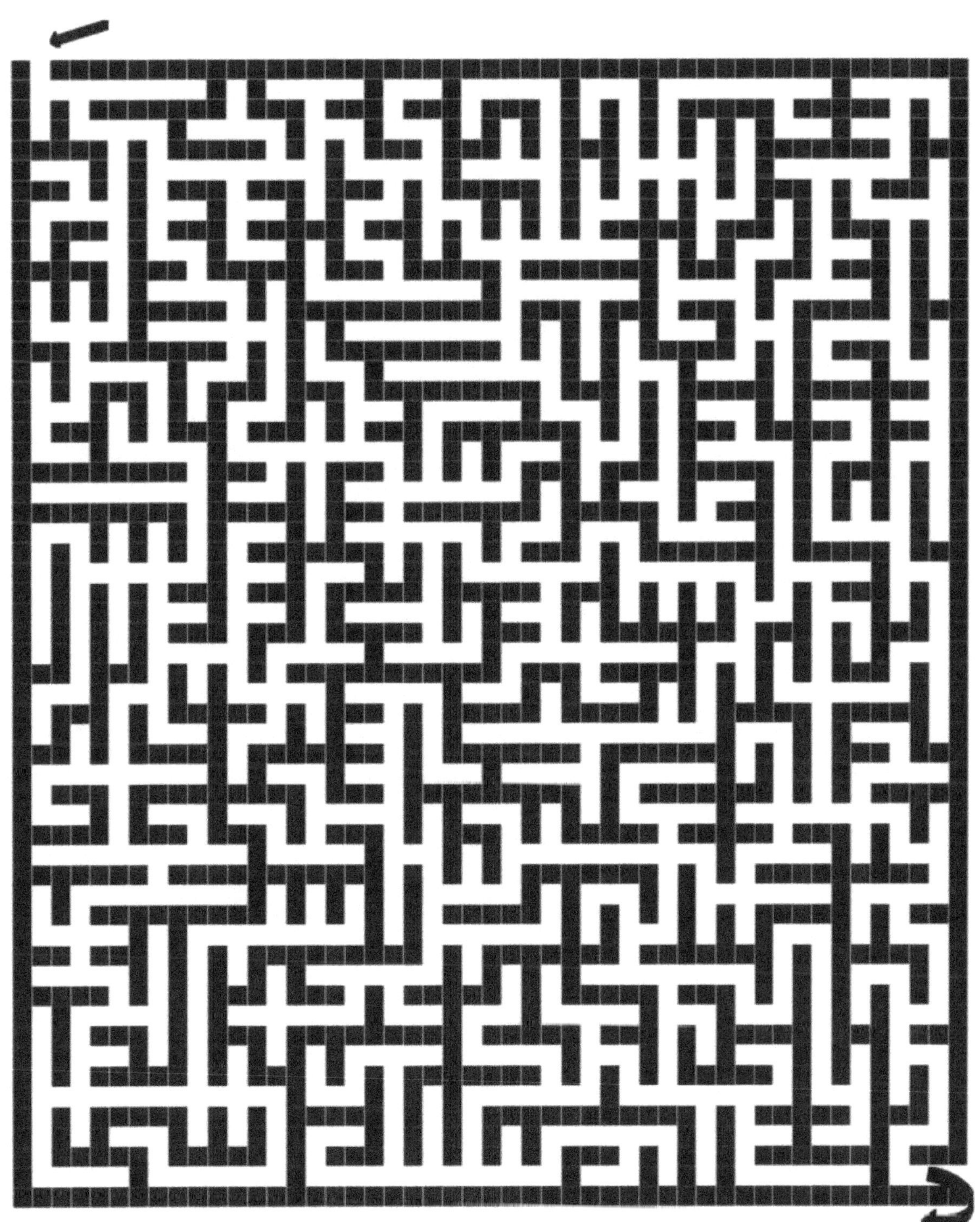

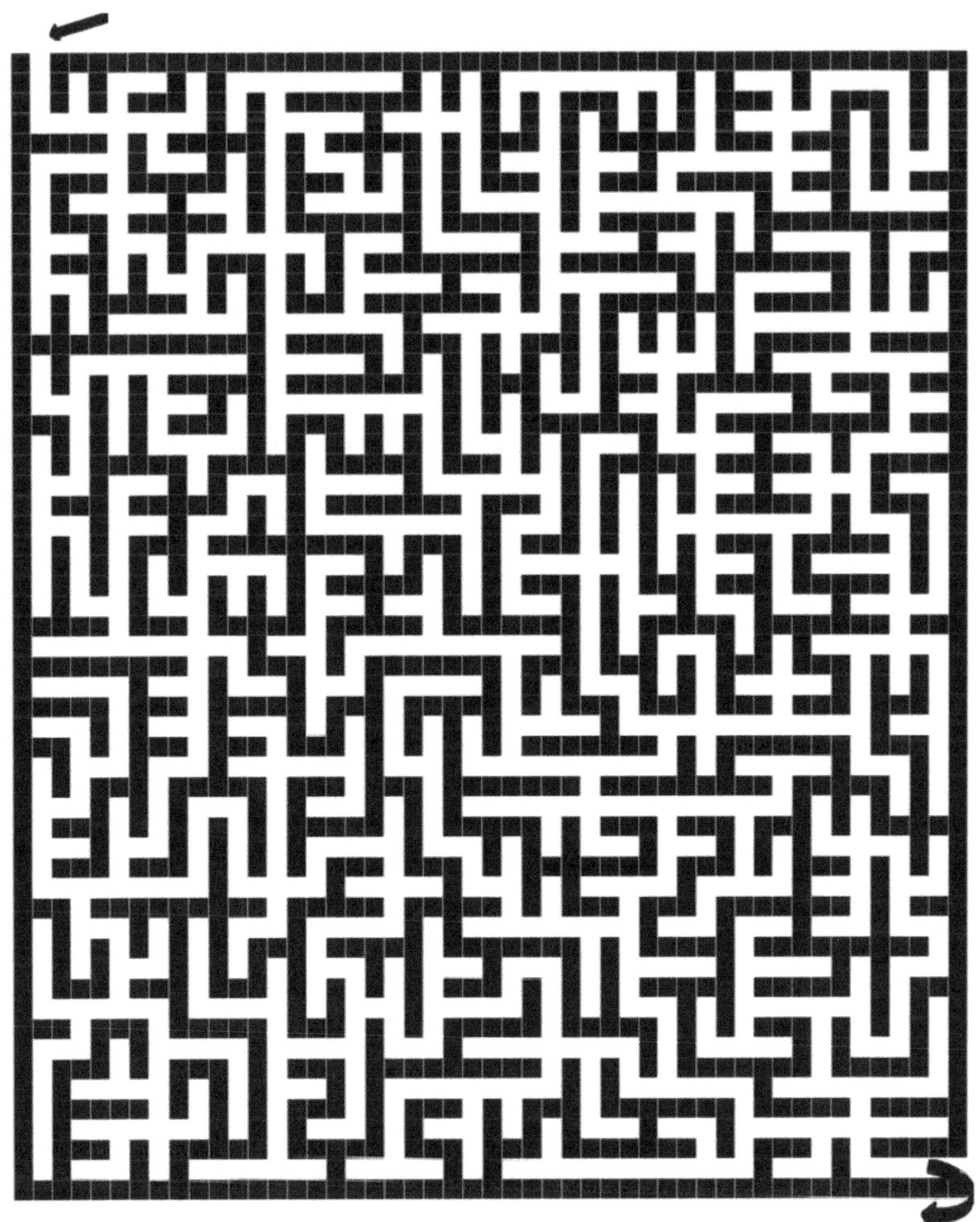

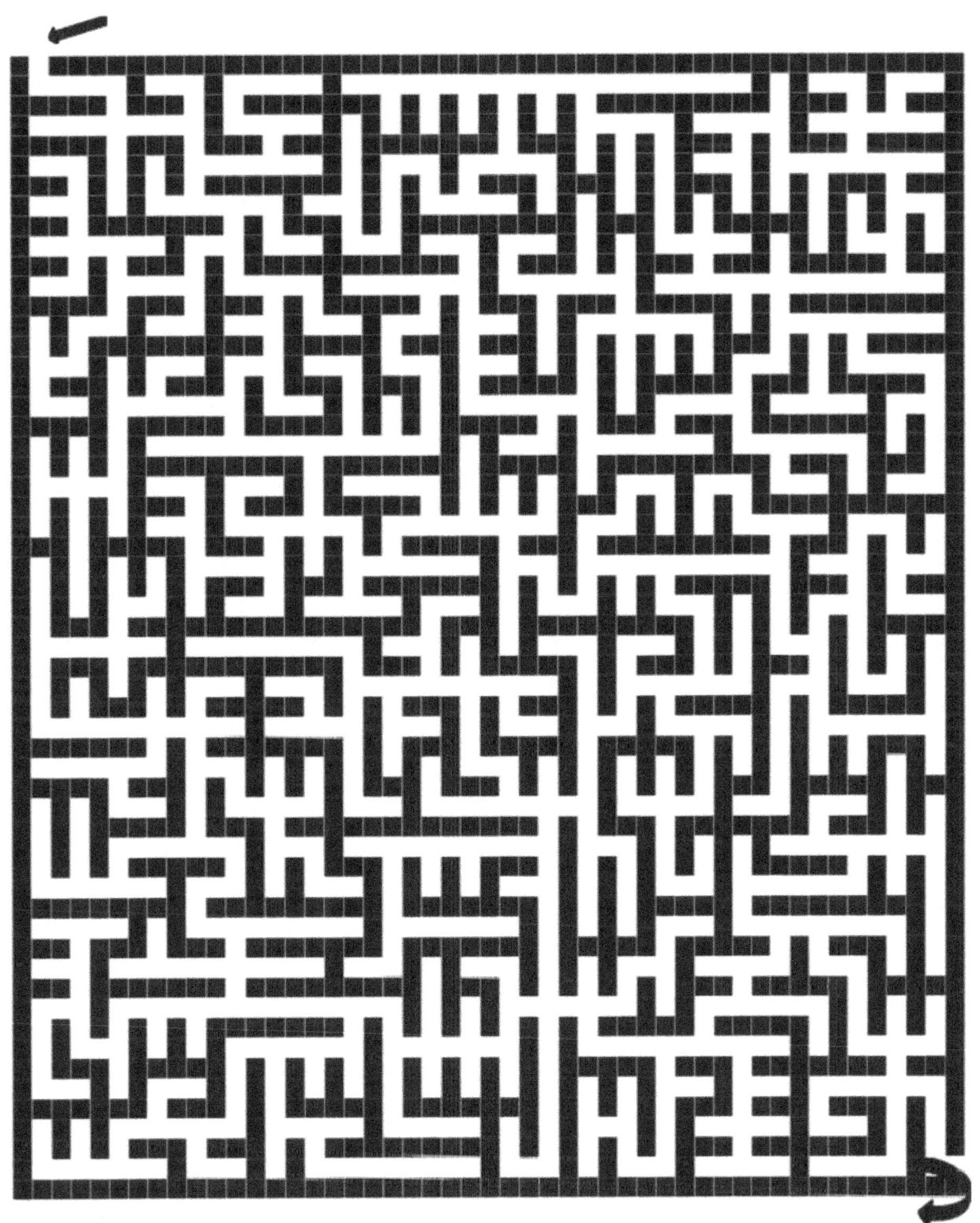

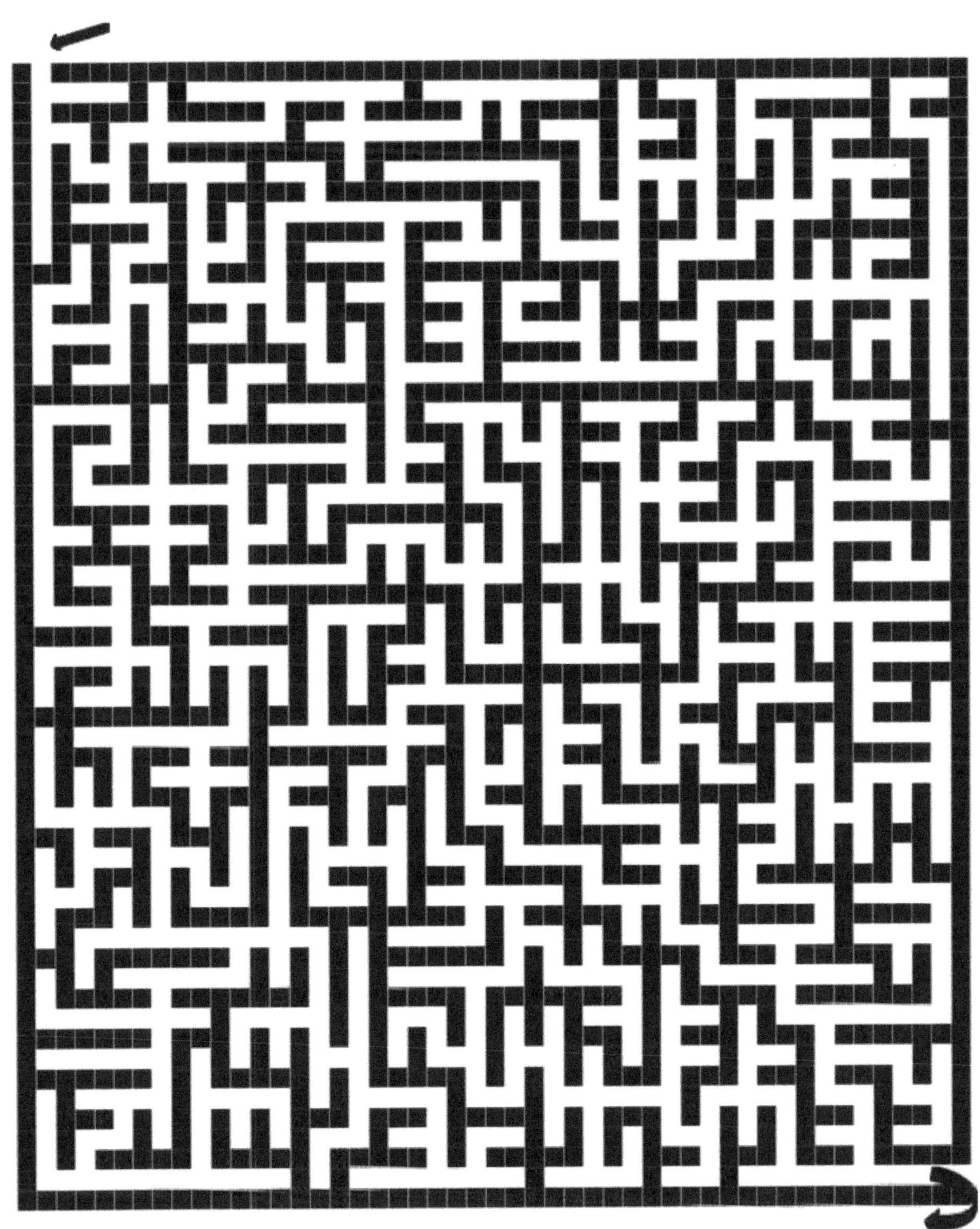

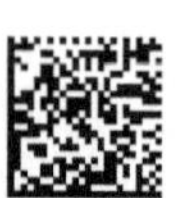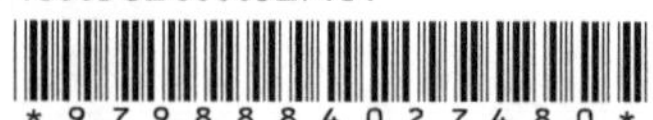

9798884027480